La structure
de
L'ARBRE
DE VIE

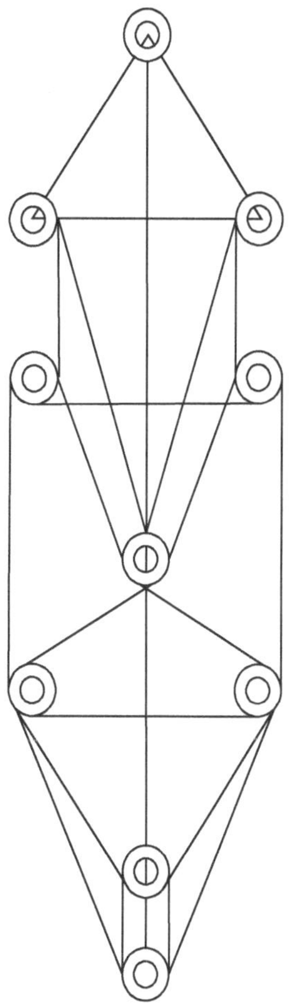

L'être
humain
est une
triade

esprit

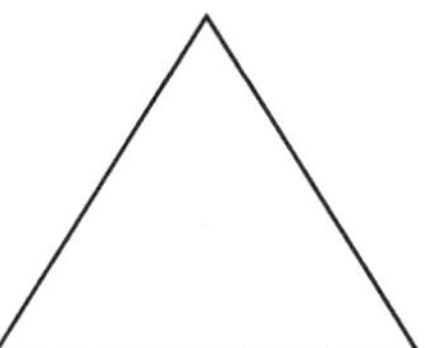

âme

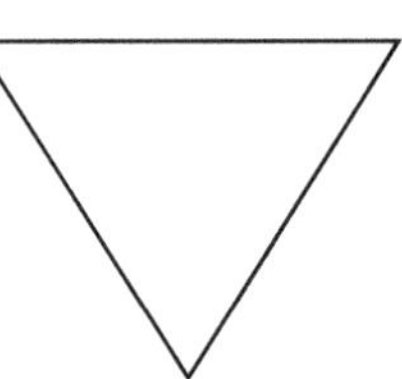

corps

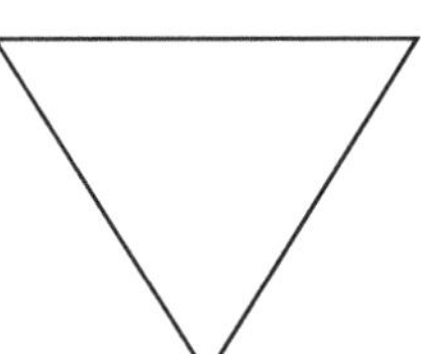

âme

et

corps

nous avons

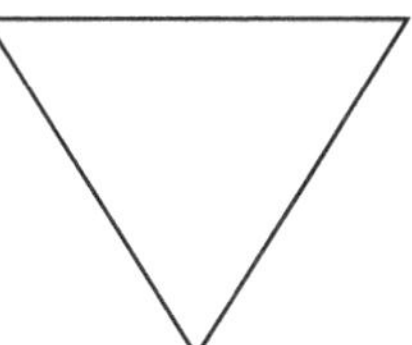

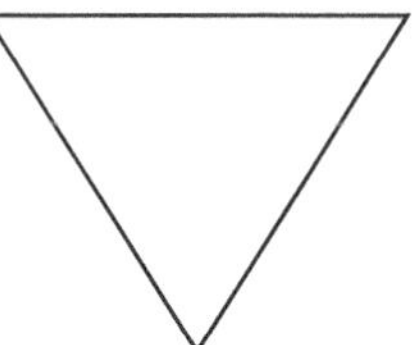

l'esprit

est

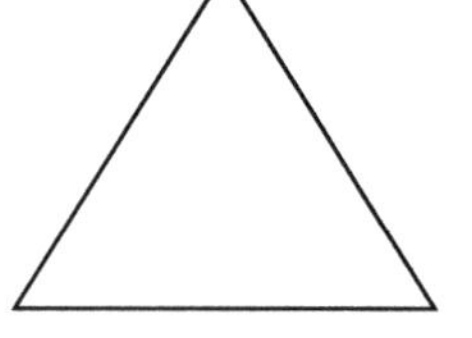

chacun des
trois

s'exprime

à travers

les trois
autres

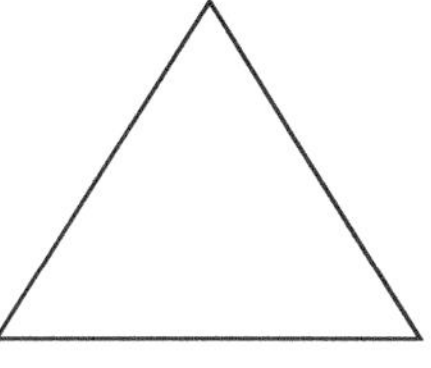

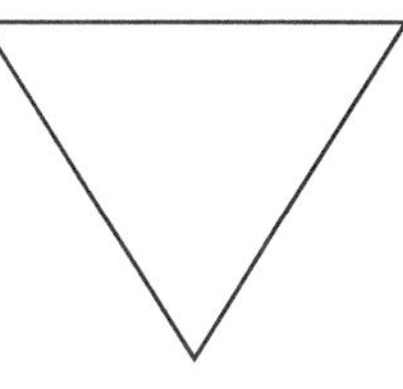

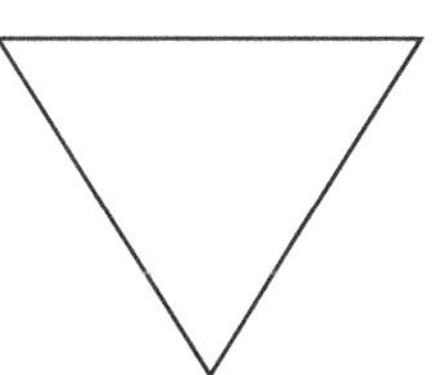

Père

Fils

Esprit Saint

est la triade
divine

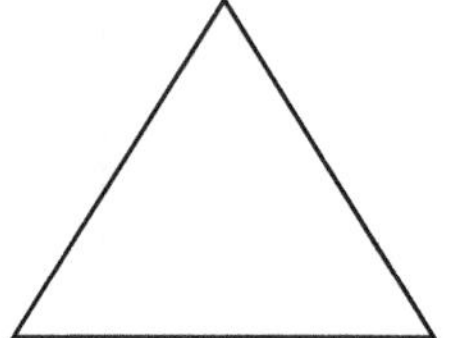

Intime

Âme Divine

Âme
Humaine

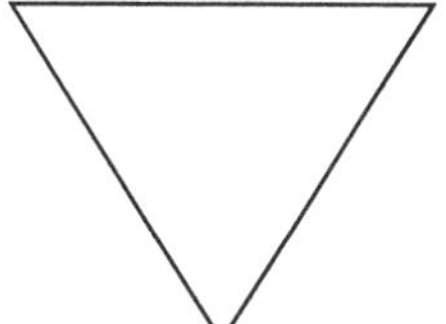

est la triade
animique

Mental

Sentiment

Vitalité

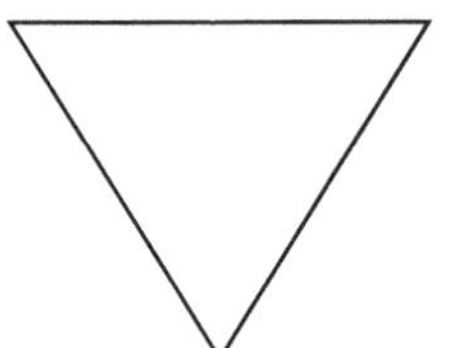

est la triade
manifestée

le Corps
Physique

est là où

tout
s'exprime

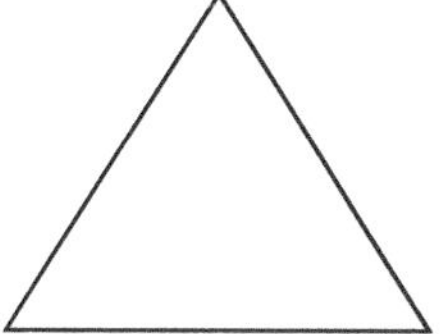

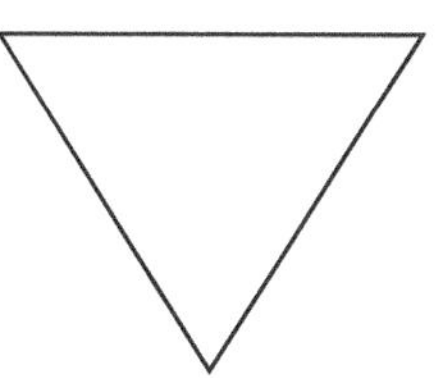

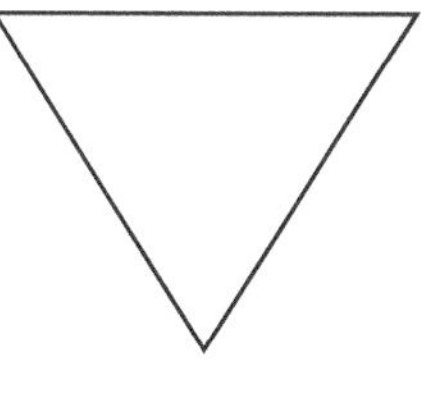

l'Âme
Humaine

est là où

tout se
rencontre

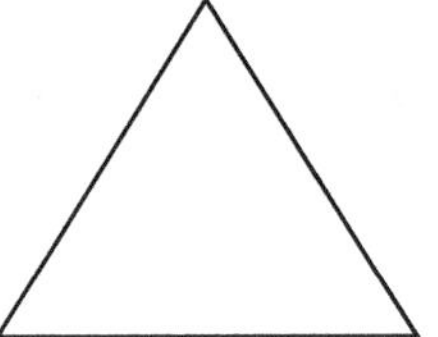

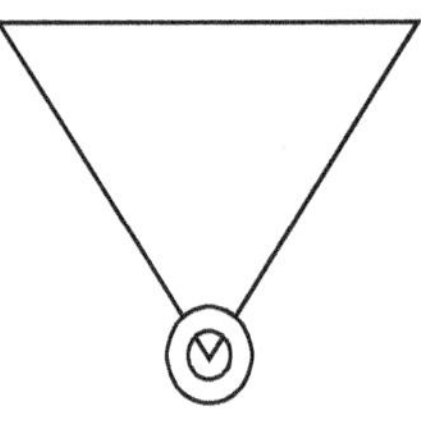

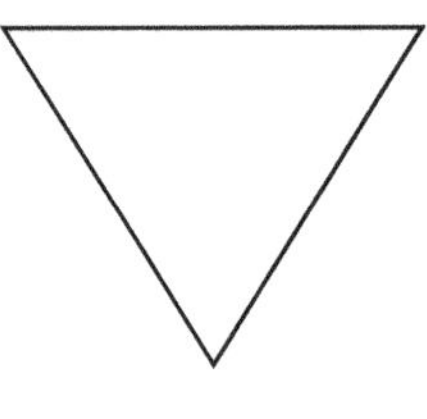

le Père

est là où

tout EST

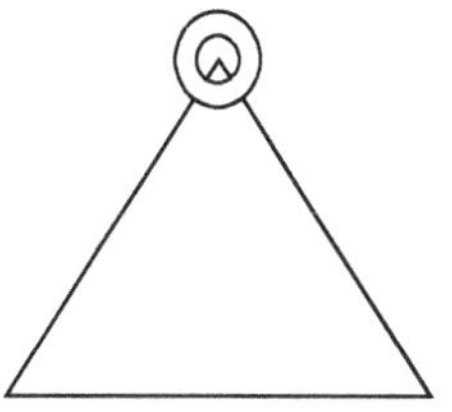

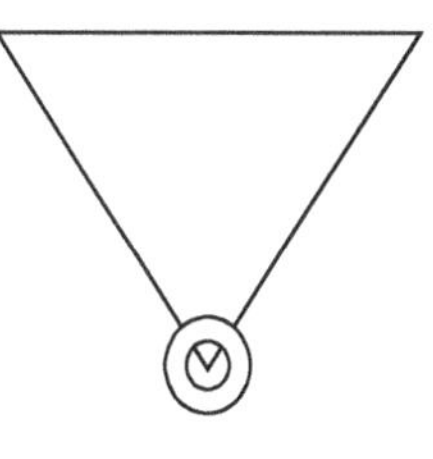

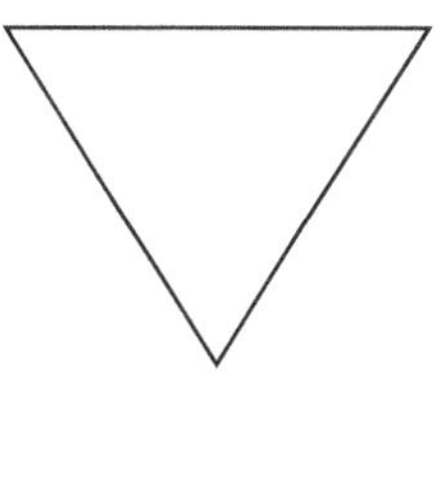

l'énergie du
Corps
Physique

se cristallise
en Âme

et nous
conduit au
Père

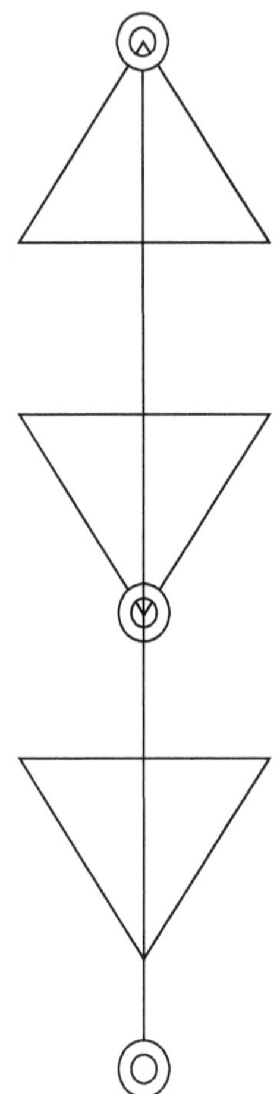

l'énergie du

Corps
Physique

est la
manifestati
on

de l'énergie
de vie

du Corps
Vital

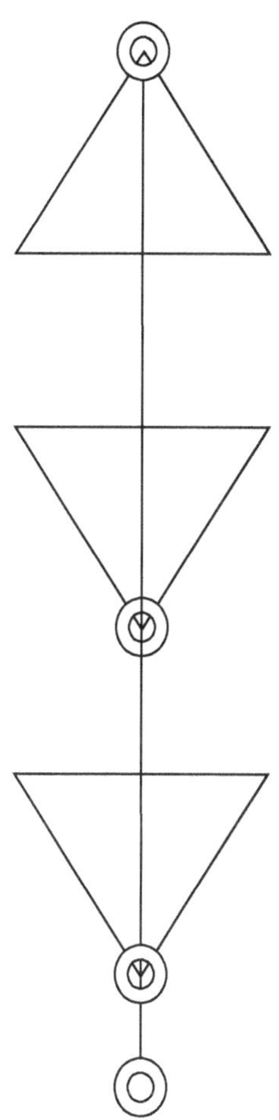

l'énergie du
Corps
Physique

est la
manifestati
on

de l'énergie
émotionnell
e

et de
l'énergie
mentale

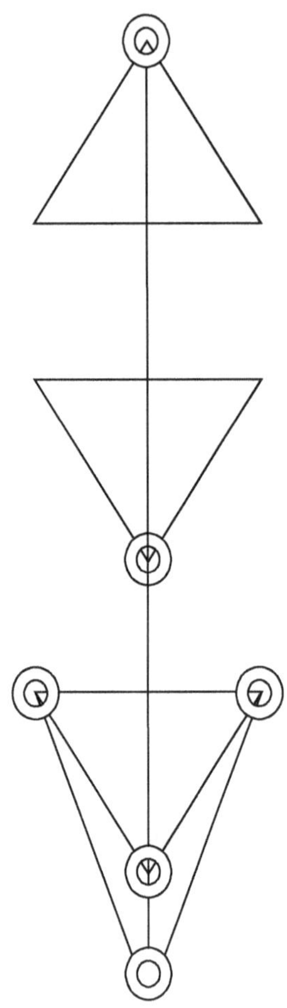

l'Âme
Divine

est
l'émotionne
l supérieur

l'Intime

est le
mental
supérieur

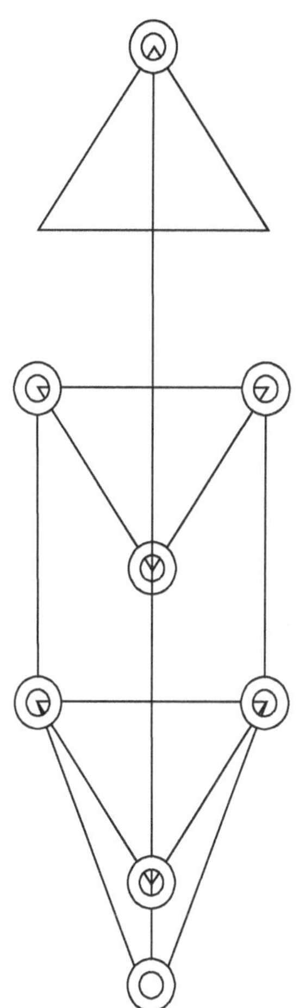

l'Âme
Humaine

est le
centre,

l'intermédia
ire

entre le Ciel
et la Terre

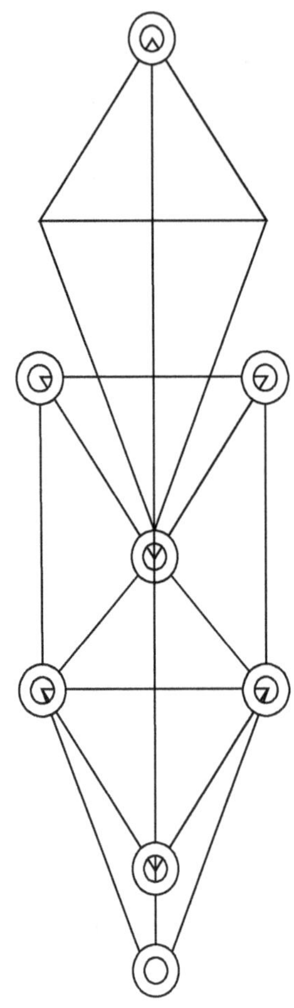

l'Esprit
Saint

illumine
l'Âme
Divine

le Christ, le
Fils

illumine
l'Intime

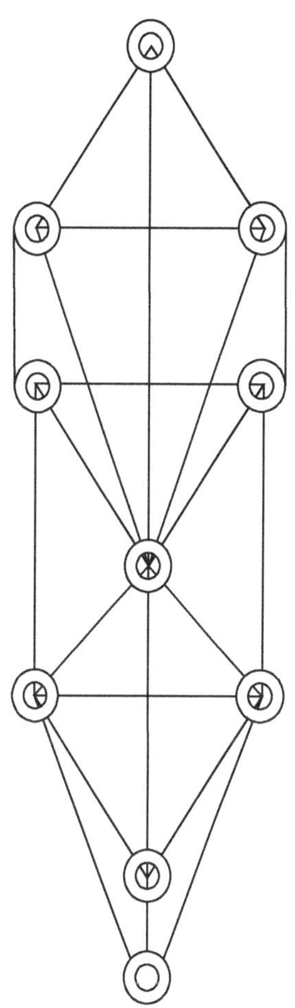

l'Arbre de
vie est
complet

les 22 voies
existent

Dieu et
l'Être
humain
sont un et
un seul

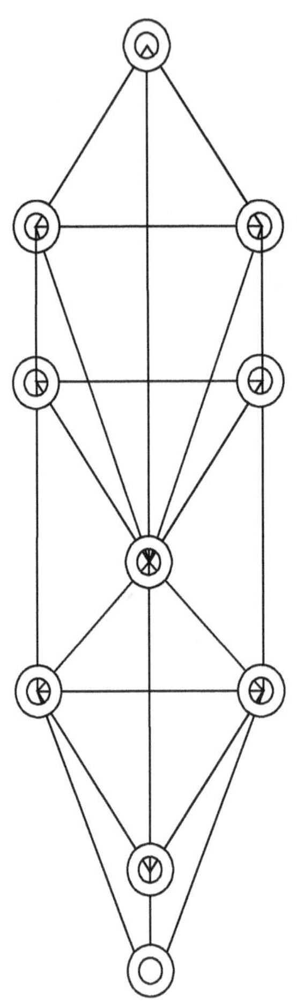

au-dessus
de l'Arbre

se trouve
l'Absolu

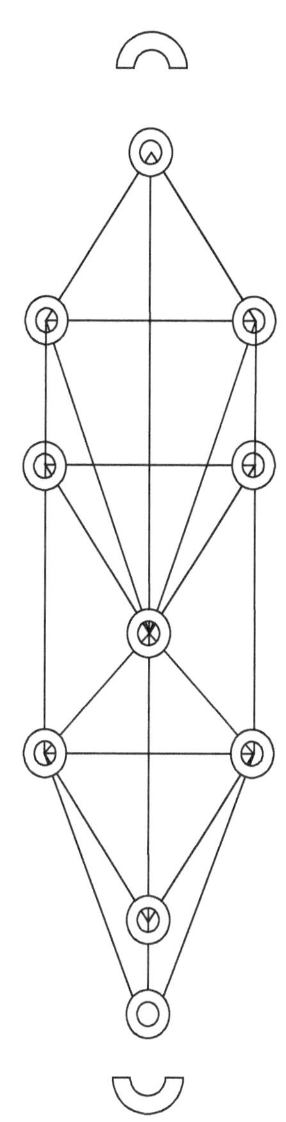

sous l'Arbre

se trouve le
Chaos

au-dessus
du Corps
Physique

se trouvent
neuf cieux

sous le
Corps
Physique

se trouvent
neuf Enfers

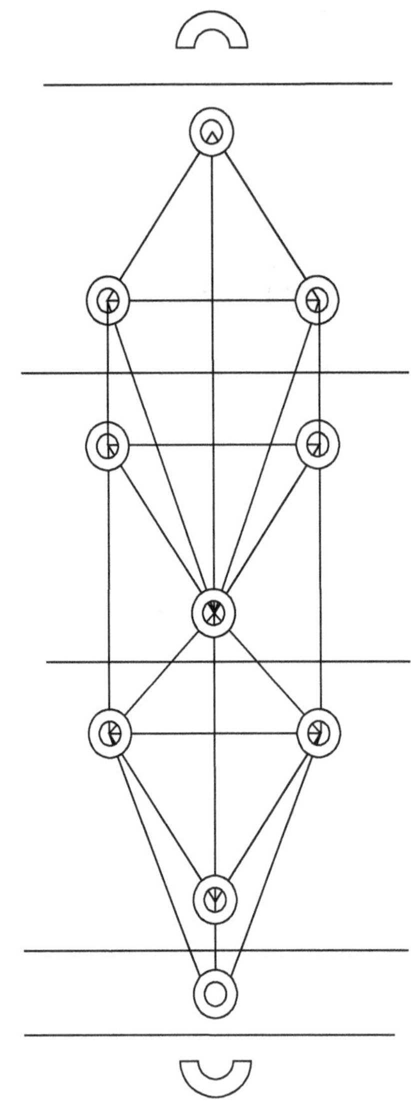

I A O est le
nom de
Dieu

Il est un
cercle - O

Il est un
triangle - A

Il est un
carré - I

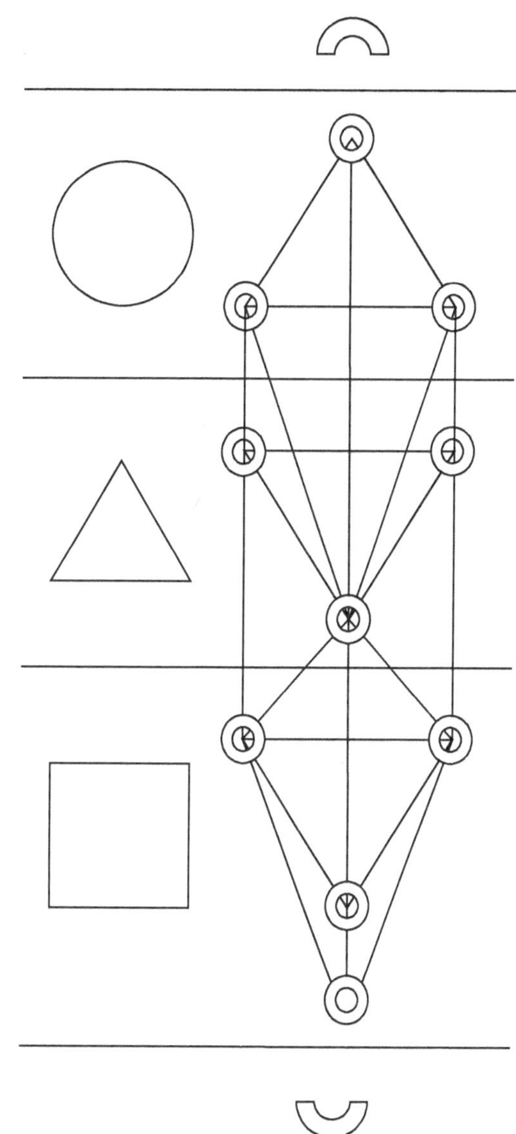

les quatre
corps de
péché

la triade
divine

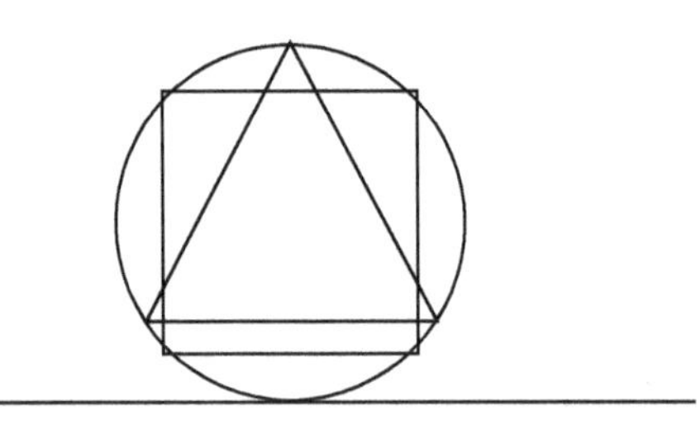

l'UN

Il est le
TAO

IAO

IOD HE VAU HE

JEOVAH

I E O U A M S

IOHANES

JESHUAH

IEU

KAB ALAH

ALAH

MUHAMAD

RAMA

KRISHNA

CHRISTUS

DIEU

<table>
<tr><td>Text</td><td>Hilarion Nous</td></tr>
<tr><td>Traduction</td><td>Jean Marie</td></tr>
<tr><td>Illustration</td><td>Vivaldi Filho</td></tr>
</table>